APRENDA A ORGANIZAR SUAS FINANÇAS E PLANEJAR SEU FUTURO!

Dicas poderosas para poupar, renegociar dívidas, realizar seus projetos e ter sucesso financeiro!

Valter Celio Fonseca

ISBN: 978-10-89550-16-7

Capa: Amanda Branco

Revisão: Débora Branco

Foto da capa:

Webvilla por Pixabay

IMAGENS NO CONTEÚDO

Por que escrevi este livro - 8926 por Pixabay

Capítulo 1 – OpenClipart-Vectors por Pixabay

Capítulo 2 – Alexas Foto por Pixabay

Capítulo 3 – Peggy und Marco Lachmann-Anke por Pixabay

Capítulo 4 – Pexels por Pixabay

Capítulo 5 – Rawpixels por Pixabay

Capítulo 6 – Peggy und Marco Lachmann-Anke por Pixabay

Capítulo 7 – Alexas Foto por Pixabay

Capítulo 8 – Gerd Altmann por Pixabay

Capítulo 9 – Jay Mantri por Pixabay

Capítulo 10 – OpenClipart-Vectors por Pixabay

Capítulo 11 – Rilsonav por Pixabay

Capítulo 12 – Gino Crescoli por Pixabay

Capítulo 13 – Stanley 8853 por Pixabay

Capítulo 14 – Kevin Schneider por Pixabay

Capítulo 15 – Besno Pile por Pixabay

Capítulo 16 – OpenClipart-Vectors por Pixabay

SOBRE O AUTOR

Meu nome é Valter Celio Fonseca. Sou contador e economista com  pós-graduação em Controladoria (FGV) e também graduado pelo Financial Management Program da GE. Comecei a trabalhar em 1968 como office-boy e cresci profissionalmente até ser diretor financeiro em algumas empresas; passei por todas as atividades da área financeira, como contabilidade, custos, orçamentos, planejamento financeiro, controladoria, e etc. Trabalhei em empresas de todos os portes e segmentos de atividade sendo o Grupo Sharp (14 anos) e a General Electric (10 anos) as principais. Atualmente sou Consultor Financeiro bem como palestrante e instrutor de temas financeiros, principalmente finanças pessoais.

Para meus pais,
que organizaram e reorganizaram suas finanças
para criar 7 filhos! Com amor e gratidão.

SUMÁRIO

Porque escrevi esta cartilha.. 13

1. O que você vai aprender nesta cartilha...................... 17
2. Por que preciso poupar?.. 21
3. Corrigindo o rumo de suas finanças.......................... 29
4. Manual de instruções para a vida.............................. 35
5. Como controlar o orçamento doméstico.................... 39
6. Como economizar... 45
7. Instrumentos de Conveniência ou de Crédito?........... 53
8. Aplicações Financeiras... 59
9. Os grandes projetos das famílias............................... 63
10. Programa minha casa minha vida............................ 71
11. Como renegociar dívidas.. 77
12. Segredos do sucesso... 83
13. Câncer no pulmão ou uma chácara?....................... 89
14. Otimismo e pé no chão... 93
15. Planejando a aposentadoria..................................... 99
16. Encerramento... 103
17. Contatos com o autor... 107
18. Do mesmo autor... 109

PORQUE ESCREVI ESTA CARTILHA

Em 2010 eu trabalhava numa indústria quando certo dia algo me chamou a atenção: o valor dos pagamentos aos bancos referente a empréstimo consignado descontado dos holerites dos empregados. Em seguida descobri que **38%** do pessoal da empresa estava pagando prestações decorrentes de operações de empréstimos consignados. Fiquei preocupado!

Pesquisando um pouco mais eu notei que empregados com problemas financeiros tinham mais *stress*, **não** estavam focados em suas respectivas atividades profissionais, se atrasavam, faltavam ao trabalho e estavam mais expostos à acidentes de trabalho, **bebida** e às drogas, dentre outros problemas. Muitos tentavam resolver suas dificuldades financeiras, forçando a própria demissão: eu acompanhei **vários** casos. Além de ser um problema para a empresa, isto também era um problema para eles, pois estavam saindo **sem** ter um novo emprego.

Preocupado com a situação rascunhei um discurso, montei uma pequena apresentação e reuni todo o pessoal da administração e da fábrica em grupos de 20 a 30 pessoas para discutir o assunto; com direito a perguntas e respostas. Aquela apresentação é o embrião desta cartilha.

1. O QUE VOCÊ VAI APRENDER NESTA CARTILHA

Siga sua paixão. Faça o que você ama e o dinheiro virá.
Oprah Winfrey

O caminho para o **sucesso financeiro na vida** começa com **ganhar dinheiro** e continua com **gastar menos do que você ganha**. Então as primeiras lições são sobre como e porque poupar, e como isto fará diferença em sua vida financeira; e vai aprender porque precisa fugir do endividamento. Para ajudá-lo nesta caminhada você vai receber **dicas de como economizar** e como controlar seu dinheiro através da técnica do orçamento doméstico.

Você também irá entender o que realmente são instrumentos como o **cartão de crédito** e o **cheque especial** e os perigos que representam para sua vida financeira. E para completar o entendimento dos riscos de endividamento vamos falar sobre empréstimos consignado e outras linhas de crédito.

Quando não fazemos nossa lição de casa corretamente ou passamos por situações difíceis, desorganizamos nossa vida financeira e incorremos em endividamento; por causa destes momentos vamos apresentar técnicas de **negociação de dívidas**. Depois de poupar e evitar ou resolver o endividamento vamos falar sobre aplicações financeiras.

Nos últimos capítulos vamos abordar os grandes projetos das famílias, que são o **automóvel, a casa e a educação dos filhos**; não necessariamente nessa ordem. A ideia central é discutir as prioridades bem como as formas de se realizar cada um deles. Vamos também apresentar dicas de sucesso na vida e **planejamento de aposentadoria**.

Por fim quero ressaltar que **não existem atalhos para ganhar dinheiro**; entrar em pirâmides, jogos de azar ou projetos mirabolantes só vão deixar você mais experiente e mais pobre. O dinheiro sempre virá de seu trabalho, seja ele qual for; se não estiver satisfeito com seu trabalho você sempre poderá mudar, seguindo os trâmites requeridos e pagando o preço da mudança. Fé, conhecimento e tecnologias sempre poderão contribuir para o sucesso de seu trabalho.

O propósito da cartilha é que ao término do mesmo você possa rever sua vida financeira e montar o planejamento financeiro que **atenda a seus objetivos de vida!**

2. POR QUE PRECISO POUPAR?

*A vida é mais fácil do que se pensa; basta aceitar o impossível,
arranjar-se sem o indispensável e suportar o intolerável.*
Kathleen Harris

Quando o homem surgiu na terra ele consumia o que tinha. Embora tudo pudesse ser obtido facilmente, como caça ou pesca, ou ainda colhendo os frutos que quisesse, era preciso ter para comer. Durante os longos períodos de chuva, estiagem ou uma tempestade de neve era preciso ter para comer; ou seja, **era preciso ter obtido e guardado**, para poder comer quando necessitasse, ou quisesse. Em síntese, quem não guardasse **poderia passar fome, passar frio ou até morrer.** Simples assim!

Quando a civilização começou a deixar os campos e mudar para as cidades conheceu as facilidades da vida moderna, dentre elas o crédito. Com o crédito parte da humanidade **desaprendeu** que era preciso primeiro ganhar e depois consumir; e que poupar era uma questão de sobrevivência. Quando um animal selvagem é retirado da natureza, ele desaprende a caçar. Esta é a uma das maiores agressões que o homem faz com um animal: **tirar-lhe a autonomia de viver com os próprios recursos**. Da mesma forma, no meu entendimento, o homem se agride quando se permite viver dependente de crédito. Infelizmente o crédito farto e fácil fez com que **mais de 60% das famílias brasileiras ficassem endividadas!**

Isto precisa mudar! Gastar mais do que se ganha é comprometer o futuro. Nenhuma família e nenhum indivíduo cresce economicamente se não poupar. As pessoas não têm controle sobre as crises; mas precisam estar preparadas para passar por elas. Estar endividado definitivamente não é uma forma de atravessar de uma crise. A solução é **começar a poupar**, rever os gastos, programar a quitação das dívidas e planejar **o futuro!**

A boa gestão das finanças pessoais é tão importante e necessária quanto cuidar da saúde; mas as pessoas só se dão conta disto quando percebem que suas vidas financeiras estão desorganizadas. **Quantos casamentos não terminam por causa de problemas financeiros, por exemplo?**

POUPANÇA versus ENDIVIDAMENTO

As melhores histórias que ouvimos tem um herói e um vilão; ou um mocinho e um bandido. Em **finanças pessoais** também! O nome do mocinho é **Poupança**. E o nome do bandido é

Endividamento. Se quisermos um final feliz para nossa história financeira, precisamos prestigiar nosso herói, nosso mocinho, que é a poupança! E combater o bandido, que é o endividamento! Somente o herói vai nos ajudar a realizar **nossos** projetos de vida! Por que o **bandido** vai atrapalhar!

A CIGARRA E A FORMIGA

Todo mundo conhece a fábula da cigarra e da formiga; a cigarra cantava enquanto a formiga trabalhava. Quando o inverno chegou a formiga tinha poupado e estava preparada para o inverno; e a cigarra não. Sabem há quanto tempo esta fábula foi escrita? **2.500 anos!** Isto significa 500 anos antes de Cristo! A necessidade humana de poupar é histórica e se confunde com a história do homem.

GASTAR MENOS DO QUE SE GANHA

Podemos ler esta equação de duas formas: gastar menos do que se ganha; ou ganhar mais do que se gasta. Na ciência FINANÇAS PESSOAIS, não é proibido gastar; é proibido gastar o que **não se tem**. Eu **não** lhe digo que você **não pode** frequentar bons restaurantes, ter bons carros, viajar, se vestir bem, e etc. Mas faça isto com o dinheiro que você já tem e não fará falta se gastar; e, claro, sem se esquecer da parcela da poupança e de seus objetivos financeiros futuros.

E por que é que ninguém pode gastar sem ter? Vamos tomar o exemplo de alguém que tenha um salário líquido de R$ 1.000,00 por mês. E vamos supor que esta pessoa queira fazer gastos que não cabe no seu salário. E que para isto tome um empréstimo para pagar, por exemplo, R$ 200,00 por mês. Se ela **acha** que não consegue viver com **R$ 1.000,00**, como vai viver com R$ 1.000,00 menos a prestação, ou seja, com **R$ 800,00**?

O CONTRASTE DOS JUROS

Juro é o custo de quem toma um dinheiro emprestado ou a remuneração de quem aplica ou investe dinheiro. Isto significa que você pode ter sua renda aumentada porque você poupa e aplica uma parte do seu dinheiro, ou que você pode ter a sua renda diminuída, porque você gasta o que não tem, e tem que tomar emprestado. **Você decide!**

COMO POUPAR?

Poupar para algumas pessoas é questão de instinto; para outras precisa ser de educação. Para não haver riscos todos nós deveríamos ter sido educados para poupar; mas a maioria não foi. Então, se você tem filhos com oito anos ou mais, e puder, dê uma mesada mensal a eles. Se você notar que as crianças ainda não têm uma noção clara de tempo, você pode começar com uma "semanada" com valores proporcionais, evoluindo para "quinzenada", também proporcional, até chegar à mesada. Não se trata de nenhum valor extra; dê de uma vez o que você costumava dar de vez em quando, informando que este é o valor do mês, ou da semana, ou ainda da quinzena. Junto com a mesada dê todos os conselhos possíveis sobre como eles deveriam usá-la. E não dê mais nada se eles gastarem tudo antes do fim do período. É o melhor início de educação financeira que você poderá dar a eles.

A lição completa é acompanhar o comportamento da criança e corrigir o rumo. O perfil da criança quase que certamente será o perfil do adulto; se a criança **não** poupa, o adulto **não** vai poupar. O ideal é ir passando para a criança a mensagem de que se ela quer algo maior, como um brinquedo por exemplo, ela precisa poupar para comprar. Será uma lição que ela **certamente** vai se lembrar na vida adulta. Alguns adultos contam, com orgulho, lições parecidas que receberam na infância.

O PRIMEIRO SALÁRIO

O comportamento comum do jovem que não foi educado para poupar, ou não tem esse instinto, é receber o primeiro salário e gastá-lo **integralmente**; não é difícil imaginar como será a vida financeira de quem começa assim. Mas quem aprendeu a poupar na infância, certamente começará a vida financeira com planos e outra postura perante o dinheiro. Idealmente esse jovem deveria poupar 50% de seus ganhos líquidos; se contribuir em casa, desconta o valor dado em casa do valor que deveria poupar.

E porque é importante que o jovem que começa a trabalhar não gaste mais do que metade do que ganha? A primeira razão é a necessidade de **implantar a cultura da poupança**, que deveria ser observado por toda a vida. E a segunda razão é o fato de que nesta altura da vida as pessoas ainda **não têm** as obrigações que **terão** quando futuramente constituírem família e tiverem mais gente para sustentar.

Ou seja, você precisa aprender hoje que futuramente uma parte de sua renda vai para **a família** que você constituir. É o ciclo da vida: **ontem** seus pais o sustentaram; **amanhã** você vai sustentar sua família.

QUANTO POUPAR?

O número mágico, aquele que a maioria dos especialistas em finanças pessoais recomenda, é de no mínimo **20% da renda líquida**. Este número dá um bom equilíbrio entre o gasto com o presente e a reserva para o futuro. E antes disso uma observação importante: quando é que a gente poupa? Quando a gente recebe! Quem deixa para ver quanto vai sobrar no fim do mês normalmente não poupa. Para estas pessoas, normalmente sempre **sobra mês** no fim do salário! Ou seja, o salário do mês acaba e ainda não chegou o dia do próximo pagamento; isto para quem vive de salário.

Para deixar os números mais interessantes, vamos fazer uma simulação. Uma pessoa que consegue poupar **20% da renda bruta** mensalmente, terá o equivalente a **5 salários** brutos depois de 24 meses, ou **35 salários** brutos depois de 10 anos. Não é um grande estímulo?

NÃO IMPORTA A RENDA

Um grande erro que as pessoas costumam cometer é achar que não ganham o suficiente para se manter e ainda poupar. Mas eu insisto que poupar é uma questão de postura, pois eu conheço pessoas que ganham R$ 2.000,00 por mês e poupam, bem como pessoas que ganham mais de R$ 20.000,00 por mês e não conseguem poupar. Ao longo da vida cansei de ver gente com bom nível de renda, que lhes permitia ter carro do ano e frequentar bons restaurantes, por exemplo, mas que viviam dependentes do cheque especial.

As pessoas que não têm o hábito de poupar no começo da vida financeira, e não adquirem esse hábito, vão crescendo profissionalmente e adaptando os hábitos de consumo de sorte a gastar toda renda, seja ela qual for. As pessoas vão acumulando desejos de consumo, que são satisfeitos à medida que a renda também vai crescendo; ou seja, é um círculo vicioso. Essas pessoas também costumam ter sérios problemas em eventuais períodos de desemprego, ou queda do rendimento em épocas de crise econômica ou dificuldades em seus negócios ou atividade profissional.

3. CORRIGINDO O RUMO DE SUAS FINANÇAS

Quando o problema número 1 é resolvido, o problema número 2 é promovido.
Gerald M. Weinberg

Se você não teve a benção de um bom início de vida financeira e agora quer mudar, ou pior ainda, **precisa mudar** porque tem dívidas para pagar, e **quer pagar**, se prepare. Haverá certa dor na renúncia do consumo a que você estava acostumado, da mesma forma que em uma dieta ou na abstenção de um vício, principalmente pelo tempo que isto vai durar. Mas vai valer a pena; o mais difícil é começar. A regra básica é viver com no máximo 80% de seu rendimento líquido; mas é missão de cada um de nós definir o percentual de poupança em função de nossas possibilidades e **de nossas metas**.

Quando você faz uma dieta ou um sacrifício para deixar um vício, você volta a ser o que era antes. Quando você corrige sua vida financeira, você passa a ser **o que nunca foi antes**: alguém com controle de sua vida financeira e com perspectivas de futuro!

A VIDA DE QUEM POUPA

Em termos financeiros, a vida de quem poupa é bem mais tranquila; você se torna uma pessoa financeiramente independente. Quando você poupa você entende sua vida financeira e em decorrência já define seu orçamento mensal, bem como já se adequa e se enquadra ao mesmo; vamos falar sobre orçamento logo mais. Quem tem um orçamento mensal definido sabe o que pode gastar e **o que não pode**. Sabe como contornar ou compensar gastos inesperados. Quem poupa também tem melhor definido as perspectivas de seus projetos futuros. Pode-se dizer até que **quem poupa pode sonhar mais**.

Quando você poupa a sua vida profissional também costuma progredir mais porque você pode se concentrar melhor na atividade que desenvolve, principalmente porque tem menos *stress* na vida doméstica; a sua produtividade certamente será fator positivo em eventuais promoções. E quando você tem poupança, você tem menos preocupação em perder o emprego, pois sabe que tem recursos para se sustentar até conseguir uma nova colocação. E o dinheiro de uma eventual rescisão vai **para a poupança** e não para **quitação de dívidas**. Aliás, não tem coisa pior do que **além de perder o emprego** ter a verba rescisória reduzida por desconto do empréstimo consignado, e **ainda ficar devendo uma parte**?

AUTOFINANCIAMENTO

Quando você poupa, você pode fazer da poupança seu próprio banco ou financeira; a isto chamamos de autofinanciamento. Assim, quando você decidir que precisa comprar um produto que normalmente não cabe no seu orçamento mensal, você pode **se autofinanciar**, a juros e prazos que você define. Você tira o dinheiro da poupança, faz a compra, e põe de volta, na forma de prestações; ao invés de pagar para a loja ou à financeira, você põe de volta na sua poupança, com juros. Isto vai permitir que você compre o produto no local que ofereça o melhor preço, e onde você ainda poderá negociar um desconto por estar pagando à vista. **Simples assim:** comprar, pagar e ir embora.

Em relação ao financiamento pela poupança há um benefício adicional. Posso lhe garantir que em algumas ocasiões **você não fará a compra**, por não querer gastar o dinheiro, que só você sabe o sacrifício que foi para poupá-lo; mas **dificilmente você deixaria de assinar o contrato de financiamento** para a mesma compra, pois **assinar um contrato** é diferente de **pôr a mão no bolso**. Pagar com recursos que você já tem é a melhor ferramenta que conheço para avaliar se a compra é necessária ou não.

A VIDA DE QUEM NÃO POUPA

Uma coisa interessante é que quando você não poupa, você também não controla seus gastos. Ou seja, essas duas coisas andam juntas: poupar e controlar. Normalmente quem não poupa, também não está interessado em saber onde gasta o dinheiro.

Diferentemente de quem **tem** poupança e compra à vista, quem não poupa e precisa comprar algo que não cabe no salário do mês, precisa comprar onde tem financiamento. Onde às vezes o preço é um pouco mais caro; mas, fazer o que? Além de pagar mais caro, tem toda a burocracia para fazer o financiamento, com fila e tempo de espera. Quem poupa **não precisa** passar por isto!

E como é vida de quem não tem poupança e fica sem dinheiro no final do mês? Claro que vai pegar emprestado no cheque especial ou com o agiota; ou com o **cunhado**.

Quando você não tem controle sobre sua vida financeira, você tem mais preocupações do que normalmente teria, e em decorrência, tem mais dificuldade em se concentrar no trabalho, bem como mais dificuldades para investir no seu desenvolvimento ou aperfeiçoamento profissional. Faltas ocasionais para resolver problemas financeiros passam a acontecer, como eventuais *visitas* a escritórios de cobrança e ao banco, porque você teve que atrasar alguma prestação. Sem contar que depois de algumas tentativas os escritórios de cobrança começam a deixar recado no RH da empresa; e isto só vai trazer aborrecimentos a você.

Quando você não tem controle sobre sua vida financeira, você também está mais exposto à bebida, **discussões domésticas,** drogas, **discussões domésticas**, falta e atraso no emprego, **discussões domésticas**, separação e divórcio. Não há amor que resista à **falta de dinheiro**.

4. MANUAL DE INSTRUÇÕES PARA A VIDA

893 – Quando receber seu primeiro salário, compre flores para sua mãe e uma gravata para seu pai.
H. Jackson Brown Jr.

No final dos anos 80 o escritor americano H. Jackson Brown Jr. estava preocupado com o filho que se preparava para sair de casa para estudar numa faculdade. Então ele montou uma espécie de manual com 500 conselhos e entregou ao filho. Este manual virou um best-seller mundial e foi publicado no Brasil sob o título de *Pequeno Manual de Instruções para a Vida*. Posteriormente ele completou a obra com um segundo volume, com mais 500 conselhos. Em função de nosso tema destaquei alguns conselhos do livro:

- **Gaste menos do que você ganha**
- Não dirija carros caros, mas tenha a melhor casa que puder comprar.

- Dê o melhor de si em seu emprego. É um dos melhores investimentos que você pode fazer.
- Tome cuidado ao emprestar dinheiro a amigos; você pode perder os dois.

Como você pode notar, gastar menos do que se ganha era uma das primeiras preocupações dele. Ele também fez questão que o filho entendesse a importância do trabalho; afinal é dali que o dinheiro vem. Mas eu quero chamar a atenção para este último conselho destacado. Quando você começa a poupar e, portanto, passa a ter uma reserva financeira, isto é um assunto apenas para você e sua mulher ou marido. Amigos são pessoas com quem a gente vai **rir** ou **chorar**; amigos não são negócios. Ou seja, as pessoas devem poupar e não contar que poupam; **é mais fácil dizer que não tem, do que explicar porque não vai emprestar.** O livro é uma leitura interessante para quem estiver aberto a conselhos de quem tem experiência de vida.

5. COMO CONTROLAR O ORÇAMENTO DOMÉSTICO

Quem comprar o que não precisa, venderá o que precisa.
Provérbio Árabe

A única forma de se crescer financeiramente é gastar menos do que se ganha; ou ganhar mais do que se gasta. Isto vale para as empresas, para o governo e para entidades de qualquer tipo; e vale também para as pessoas. Mas, para saber se suas finanças estão no rumo que você gostaria, é preciso controlá-las. É disto que trata este capítulo.

COMO CONTROLAR SUAS FINANÇAS

A melhor forma de você controlar suas finanças é fazendo um Fluxo de Caixa. Não se trata de nada complicado; é só uma forma de você descrever quanto recebeu, quanto e onde gastou e quanto sobrou ou faltou no fim do mês. Para isto você pode usar um dos muitos aplicativos de finanças pessoais disponíveis gratuitamente no mercado, ou pode montar uma planilha em Excel no modelo que mostramos em seguida. Ou pode ainda simplesmente copiar o modelo em uma folha de caderno. O importante é registrar e guardar para ir acompanhando a evolução.

O **primeiro** passo que alguém pode tomar para assumir o controle da vida financeira é fazer o orçamento pessoal ou da família. Toda empresa bem-sucedida cuida bem do dinheiro; para isto gasta com gente, sistemas, consultorias, etc. Para você basta uma planilha, como a descrito abaixo, num computador ou em uma folha de caderno. À medida que você for utilizando a planilha, você vai ajustando às suas necessidades e conveniências, descartando as linhas que não usa e acrescentando outras que precisa.

FLUXO DE CAIXA	Mês/Ano		
	Real	Projeção	Diferença
ENTRADAS			
Salário do Marido			
Salário da Mulher			
Outros (listar)			
Total			
SAIDAS			
Aluguel			
Prestação do carro			
Supermercado			
Farmacia			
Feira			
Padaria			
Vestuario			
Condução			
Escola das crianças			
outros (máximo de 5% s/ total)			
Total			
Deposito em Poupança			
Saldo			

EXPLICANDO O MODELO

A primeira coluna (Real) é para você registrar quanto recebeu (Entradas), quanto gastou (Saídas), quanto poupou (se poupar) e quanto sobrou ou faltou no fim do mês. Em menos de 10 minutos, enquanto estiver terminando o *Fantástico* no domingo à noite você anota os números da semana. Depois é só juntar tudo no final do mês.

A segunda coluna (Projeção) é para você estimar antes, ou seja, no começo do mês quanto acha que vai receber e gastar durante o mês; assim você começa o mês com uma ideia de quanto vai sobrar ou faltar no fim do mês. Ou seja, você primeiro vai fazer a projeção e só no final do mês vai apurar os valores reais.

A Terceira coluna (Diferença) representa a diferença entre o que você estimou e o que realmente aconteceu.

APRENDENDO COM A "DIFERENÇA"

Sempre que você **fechar** o seu mês olhe para a coluna das diferenças. É incrível o que aprendemos quando controlamos e analisamos nossos gastos. Você poderá concluir, por exemplo, que gasta muito mais com o supermercado do que pensava que gastava; ou que gasta o dobro do que gostaria, ou poderia, com cerveja.

Fazer um orçamento não é uma questão de ter que reduzir despesas; é uma questão de adequar os seus gastos à realidade de sua renda. Quando você põe no papel o que ganha e o que gasta, fica conhecendo melhor a sua realidade. Se você está satisfeito ou não com essa realidade, é outra história.

Esta é a hora para você prevenir problemas futuros, ou decidir alterar seu futuro. A resposta certa não é necessariamente reduzir despesas ou aumentar a renda; talvez um pouco de cada. Não existe resposta certa; existe somente você decidir a forma como quer equilibrar a sua vida financeira!

A SENSAÇÃO DOS GASTOS

Por uma questão de comodidade as pessoas gostam de usar cartões de débito e de crédito ao invés de pagar em dinheiro. Mas, por alguma razão, a sensação é diferente entre tirar um dinheiro da carteira e entregar o cartão para débito ou crédito; entregar o dinheiro é mais dolorido. Então procure pensar um pouco mais o que você está fazendo, sempre que entregar o cartão para fazer um pagamento.

Quando suas despesas estão no débito automático e você usa cartões para todos os pagamentos que precisa fazer, e além disto não costuma tirar extrato da conta para ver o que está acontecendo você, como diria Zeca Pagodinho, está deixando a vida te levar. Isto até pode ser bom para cantar, mas para a vida é preocupante.

6. COMO ECONOMIZAR?

Oferta é um preço irresistível por algo que você não precisa.
Antônio Carlos Borges

Como sabemos, aumentar a renda é um processo que pode ser complexo e demorado; mas diminuir as despesas é bem mais fácil. Para tanto seguem algumas dicas em alguns itens de gastos relevantes:

SUPERMERCADO

Os gastos no supermercado costumam ser um dos maiores gastos das famílias. Minhas dicas para economizar aí são as seguintes:

(i) Faça sempre uma lista de compras;
(ii) Não vá ao supermercado com fome;
(iii) Evite levar crianças pequenas;
(iv) O cônjuge mais disciplinado pega a lista de compras; o outro fica com as crianças;
(v) Não seja fiel a nenhum supermercado; vá conhecendo outros para saber quem vende o que, mais barato;
(vi) *Oferta* é um preço irresistível por algo que você não precisa;
(vii) Cuidado! Todo produto em *degustação* é gostoso! Se você não resiste, nem experimente;
(viii) Considere comprar alguns produtos no atacado, junto a amigos ou parentes, quando os preços valerem a pena;
(ix) Considere dividir a lista entre 2 ou 3 supermercados, se o transporte não for problema; e
(x) Confira a conta, sempre e em qualquer lugar.

A FEIRA

Certamente que você sabe que a qualidade dos produtos das **feiras livres** é melhor do que na maioria dos supermercados e dos *Sacolões*; mas o preço também é diferente. E não se esqueça de que muitos produtos da feira como as frutas são sazonais; fora de época os preços sobem. O tempo também afeta produtos; se houver seca ou geada, poderá faltar produtos, que por sua vez sobem de preço. Outra providencia interessante, e conhecida é escolher o horário em que o preço do que você quer cai. No começo da feira os produtos estão mais caros e no fim mais barato; mas no fim o melhor já foi vendido. Você precisa identificar o melhor horário para você!

VESTUÁRIO

O **vestuário** é, provavelmente, o item mais importante de compras depois do supermercado. Assim, pesquise bastante antes de comprar. Vale a pena esperar para adquirir os itens mais caros nas liquidações de final de estação. As blusas de frio são mais baratas no fim do inverno, e assim por diante. E para sapatos, considere as lojas de ponta de estoques; é possível achar promoções realmente interessantes. Como todo mundo sabe o preço no centro da cidade é menor do que no Shopping, e em bairros como o Braz em São Paulo, são menores ainda. Mas é importante não desgrudar os olhos dos preços; é comum preços altos estarem disfarçados em liquidações.

LAZER

Se você costuma beber no **bar,** sabe a diferença entre o preço de uma cerveja ali, e de uma cerveja comprada no supermercado para consumo em casa. Sabe também a relação de preço que existe entre uma dose *da boa* no bar e de uma garrafa no supermercado. Os amigos? Bem, você sempre pode convidá-los para ir a sua casa, até mesmo dividindo a conta. Claro que há mais diferenças entre a bebida do bar e a de casa e que tem horas que o que você quer é passar um tempo no bar, para aliviar o *stress* do trabalho ou outra preocupação que você esteja tendo. Mas é importante ter em mente a diferença de custos entre essas duas possibilidades.

TELEFONIA CELULAR

A **telefonia celular** definitivamente traz mais conforto e comodidade às nossas vidas. Esses aparelhos, cada vez menores e com mais funções, fazem tanta coisa que às vezes esquecemos a função original de conversar com alguém. Se seu orçamento permite, vá em frente; compre o aparelho que couber em seu bolso, nos dois sentidos, bem como contrate o plano que melhor te agradar e se mantenha nas mídias sociais. Mas, se não é este o seu caso, e mesmo assim você queira um celular, escolha um aparelho básico, e contrate o plano mais barato, que atenda a sua necessidade básica. E também entenda que as empresas sempre têm um plano mais caro, com mais facilidades, que você não precisa. Não se esqueça de que seu objetivo é economizar, e não *falar à vontade.* Se você tem uma atividade profissional que depende de comunicação, aí é outra situação. Neste caso você precisará considerar o custo do celular que você quer comprar na estrutura de custos do seu negócio, para ver se o seu negócio paga este celular.

Gosto de lembrar que tenho amigos que trabalham e tem vida social e não tem celular. Ou seja, a vida é possível sem celular. E tenho certeza que eles até estudariam, sem celular, se fossem um pouco mais jovens!

PRODUTOS PRIMÁRIOS

Existem momentos na vida de algumas pessoas que orçamento fica tão apertado que é necessária uma reengenharia nos gastos. Isto significa abrir mão de produtos industrializados ou processados e dar preferência para produtos mais primários como arroz, feijão, café, açúcar, óleo, carne, farinha de trigo, e etc. Como isto normalmente acontece em famílias numerosas, também é a hora de desenvolver os dotes culinários da turma, passando a fazer em casa o que antes era comprado feito: doces, molhos, bolos, bolachas, maionese, iogurte, pizzas, assados, e etc.

Isto não é de todo mal. Se você vir a lista de ingredientes no rótulo de qualquer produto industrializado, você vai encontrar uma série de substâncias que você não conhece, e quando conhecer não vai gostar; são muitas substâncias artificiais. Então, além de tudo é uma opção mais saudável.

PAUSA PARA REFLEXÃO

O Fluxo de Caixa te permite controlar e avaliar sua vida financeira. A partir daí você tem a oportunidade de pensar se está satisfeito com a vida que tem, e o que quer fazer a esse respeito. Pode ser que você conclua que precisa gastar menos; isto só depende de você. Pode ser que queira ganhar mais; isto sempre é possível, mas normalmente é um pouco mais demorado...

Por fim, você precisa saber que o sacrifício que **você não está disposto** a fazer **hoje** em prol de seu futuro, também não estará disposto a fazer **amanhã**. Então, se você quiser mudar, terá que mudar **hoje**, por que amanhã você não vai mudar.

E não é demais lembrar que **não** é pecado gastar; pecado é gastar sem ter. E que quando você poupa você investe em seu futuro; quando você faz dívida você rouba dele!

7. INSTRUMENTOS DE CONVENIÊNCIA OU DE CRÉDITO?

> *Só existem duas coisas que podem arrasar uma mulher:*
> *a balança e a fatura do cartão de crédito.*
> Márcia Bertelli

Muita gente confunde instrumentos de conveniência com instrumentos de crédito. A grande diferença entre eles é o **custo** de cada um. Mas vamos detalhar abaixo um pouco mais sobre cada um deles:

CARTÃO DE CRÉDITO

O cartão de crédito foi criado por um advogado americano que convidou alguns clientes para jantar e na hora de pagar a conta descobriu que estava sem a carteira. Preocupado que isto não voltasse a acontecer ele então criou um instrumento de conveniência: pagar a conta sem ter dinheiro na mão. Foi assim que nasceu o primeiro cartão de crédito, que foi o Diners Club; em português isto significa "Clube das pessoas que vão jantar" em tradução livre. Ele não estava gastando o salário do mês seguinte; pelo contrário, ele estava gastando um dinheiro que já tinha, mas que não estava com ele.

Então o Cartão de crédito é uma conveniência para quem **pode** pagar as taxas anuais em troca de receber uma fatura mensal e pagar essa fatura integralmente. Até abril de 2017 a lei permitia que você pagasse um valor mínimo e financiasse o saldo indefinidamente; em decorrência o saldo ia aumentando como uma bola de neve e muita gente ficava endividada. Agora você só pode pagar parte do valor da fatura uma vez; no mês seguinte você tem que pagar a fatura integralmente ou financiar o saldo a juros fixos. Para tanto o banco é obrigado a fornecer planos de financiamento aos clientes devedores de cartão de crédito.

Na legislação anterior o custo do crédito rotativo beirava 20% ao mês, considerando juros, taxas e impostos (IOF); entrava no chamado crédito rotativo quem não pagava o valor total da fatura. Embora os juros tenham se reduzido, ainda é caro. Meu último extrato dizia que o custo do rotativo era de 10,86% ao mês e que o parcelamento da fatura custava 10,2% ao mês. Em 6, 12, ou 18 parcelas. Informava ainda que eu poderia fazer compras financiadas pelo cartão, a juros de 6,30% ao mês.

No passado muitas pessoas receberam cartão de crédito sem ter pedido; hoje a lei proíbe essa prática. Mas muita gente não entendia como isso funcionava. Simplesmente gastava o limite como se tivessem ganhado um prêmio; quando a **fatura chegava** era um choque, pois **não tinha consciência** de que teria que pagar pelos gastos. Infelizmente muita gente é um pouco assim.

CHEQUE ESPECIAL

Assim como o Cartão de Crédito, o cheque especial **também** é um instrumento de conveniência. Ele foi criado para pessoas que **eventualmente** pudessem não ter saldo por um, ou uns poucos dias, em função de um imprevisto. Ou seja, para cobrir um gasto inesperado 1 ou 2 dias antes de você receber seu pagamento, ou a remuneração pela qual você trabalha.

Quem assina um contrato de cheque especial com um banco paga por isso, usando ou não; está no contrato. E se usar paga juros. Atualmente os juros do cheque especial podem chegar a 16% ao mês, o que dá quase 500% ao ano. Se você começar o ano devendo R$ 1.000,00 para o banco nesta taxa, termina o ano devendo R$ 6.000,00. Entendeu o que significa 500% ao ano?

O Banco Central, por enquanto, não tomou nenhuma medida para conter o endividamento das pessoas através do cheque especial. Então a FEBRABAN, a Federação Brasileira dos Bancos, emitiu uma resolução **recomendando** que os bancos façam contato com os correntistas quando eles usarem durante pelo menos 15% do limite, durante 30 dias, desde que tal valor seja superior a R$ 200,00, em vigor desde julho de 2018. Quando isto acontecer os bancos devem oferecer ao correntista uma alternativa de quitação do débito a juros mais baratos do que o cheque especial. Mas o correntista aceita isto se quiser. Ou seja, **na pratica nada mudou**.

Quem usa o cheque especial **por uns dias**, mesmo com a taxa de juros alta, não paga um valor alto de juros; já quem transforma esse serviço num crédito permanente, toma um crédito **caro**. Se você estiver usando o cheque especial todo mês, calcule quanto isso lhe custou nos últimos 12 meses. Se este custo lhe deixou preocupado, procure o banco, proponha um parcelamento e **encerre** o limite! O parcelamento é mais barato do que os juros do cheque especial e tira você dessa situação.

EMPRÉSTIMOS CONSIGNADOS

O empréstimo consignado foi criado pelo governo para que o trabalhador tivesse uma linha de crédito mais barata. E **por que** é que o empréstimo consignado é mais barato? Ele é mais barato porque é descontado **diretamente** do holerite do trabalhador ou pensionista do INSS. Como todo mundo sabe, há um limite da renda líquida que pode ser comprometida para pagamento, que vai de 30 a 40%, dependendo de algumas circunstancias.

Mas há alguns **cuidados** que você precisa tomar: o principal é que só são baratas as operações de até 6 meses. Depois disto quanto mais aumenta o prazo, mais aumenta a taxa de juros, porque o banco sabe que você poderá sair da empresa a qualquer hora. Se ocorrer a demissão o banco só poderá descontar até 30% do valor de sua rescisão; quase que certamente isto não será suficiente para quitar seu débito. Nesta situação você continua pagando as prestações diretamente ao banco; sem emprego.

Esta operação é tão boa para os bancos, que eles te cercam na rua, para que você faça o empréstimo! Não dá o que pensar? Parece **banana** procurando macaco! O meu conselho para quem quiser fazer uma operação de empréstimo consignado é entenda o custo efetivo total da operação, informação que é conhecida pela sigla CET. E não tome empréstimo só porque é fácil. Embora barato o sensato é só tomar este empréstimo quando necessário. Mesmo sendo barato dificilmente vai custar menos de 3% ao mês, incluindo impostos.

OUTRAS LINHAS DE CRÉDITO

Os bancos e as financeiras têm várias linhas de crédito para as diversas formas em que podem emprestar. O que importa é o seguinte: quanto menos garantia o banco tiver de que vai receber o dinheiro de volta, mais caro é o empréstimo. É por isso que o consignado e o financiamento de carro são mais baratos e os chamados empréstimos pessoais, que não tem garantia **nenhuma** são mais caros. Dificilmente uma operação de empréstimo pessoal custa menos que 7% ao mês, mais impostos. Fuja destas operações sempre que possível.

8. APLICAÇÕES FINANCEIRAS

Não é porque está escrito é que é verdade;
mesmo que esteja em inglês.
Valter Celio Fonseca

Se poupar dinheiro é o primeiro objetivo deste trabalho, aplicar o recurso poupado é o segundo. E uma das coisas que você irá logo perceber é que poupar será um prazer; você vai sentir isto todas as vezes que estiver fazendo um depósito ou transferência para sua conta de poupança ou de investimento em banco.

CADERNETA DE POUPANÇA

Muita gente fica preocupada em como investir o dinheiro poupado. Minha recomendação é simples: até o valor de um salário, ou sua renda mensal, deixe o valor aplicado em caderneta de poupança. Se de um lado o rendimento na caderneta de poupança é um baixo, comparado com outras opções do mercado financeiro, ela não apresenta risco, tem liquidez imediata, e você não paga imposto de renda sobre os juros ganhos.

Mas o principal motivo pelo qual eu recomendo que você tenha um valor em caderneta de poupança é para as eventuais emergências. Se você precisar de dinheiro é só sacar e repor assim que possível. Se você não tiver uma aplicação financeira com liquidez imediata, você terá de sacar do cheque especial ou fazer empréstimo; se isto acontecer você vai pagar um custo que é **muito** maior do que o rendimento que você estiver tendo na aplicação financeira.

Por isso eu recomendo que quando você for fazer a primeira aplicação financeira, faça em caderneta de poupança.

CERTIFICADO DE DEPÓSITO BANCÁRIO (CDB)

Quando seu saldo em caderneta de poupança ultrapassar o valor de um salário, ou de uma renda mensal, minha recomendação é que você deixe meio salário em caderneta de poupança e transfira o saldo para CDB. Esta aplicação rende um pouco mais, mas o governo cobra imposto de renda sobre o rendimento; mesmo assim ainda rende um pouco mais. Se você conversar com o gerente do banco ele vai te explicar que quanto maior o prazo da aplicação, maior o rendimento mensal. E se você abrir mão da liquidez imediata, também ganha um pouco mais.

Quando você aplica em **caderneta de poupança**, simplesmente **deposita e saca**; o sistema faz o resto. Mas na maioria das demais aplicações você vai precisar negociar; isto significa que vai precisar conversar com o gerente de sua conta e negociar o rendimento. O rendimento de um CBD é demonstrado por uma taxa fixa, como 0,7% ao mês, ou através de uma taxa variável, como 90% da SELIC. A taxa SELIC é a taxa referencial de juros da economia, e definida periodicamente pelo Banco Central.

Quando negociar com o banco tenha a certeza de que está tendo um rendimento líquido de imposto de renda (você vai pagar) maior do que a caderneta de poupança, porque nem sempre é. E se o rendimento não for superior ao da poupança, aplique apenas na poupança. Em resumo, para aplicar em **qualquer outra alternativa que não a caderneta de poupança,** você precisa antes conhecer como funciona.

NÃO INVISTA NO QUE NÃO CONHECE

O mercado é cheio de alternativas de aplicações com bons rendimentos; mas minha recomendação é que você não **invista no que você não conhece!** Não invista em alguma coisa que **todo**

mundo está investindo e ganhando dinheiro. Vá **conhecer antes** o funcionamento e os riscos envolvidos na aplicação que você gostaria de fazer. Tesouro Direto, Letras de Crédito Imobiliário (LCI), Letras de Crédito do Agronegócio (LCA), e Fundos de Investimento dentre outros, são produtos de aplicação financeira bem populares, que em algum momento você pode se interessar, e vai precisar conhecer.

Em 1971 o mercado de ações estava em alta. Um colega do cursinho pré-vestibular me convenceu que era bom aplicar em um fundo de investimento de ações. Eu **nem** tinha dinheiro; pedi um adiantamento por conta do meu 13º salário na empresa e apliquei. Quem entrou no auge da bolsa e saiu no ano seguinte, **como eu**, perdeu 70% do valor aplicado. Foi uma das maiores quedas que ocorreu na bolsa até hoje.

9. OS GRANDES PROJETOS DAS FAMILIAS

Educação é a arma mais poderosa que você pode usar para mudar o mundo.
Nelson Mandela

O automóvel, a casa própria e a educação dos filhos são os principais projetos das famílias. Mas será que a **prioridade** é a mesma para todo mundo? **Infelizmente** sabemos que **não**. Para muitas famílias a prioridade é ter um **carro** enquanto que para outras é comprar uma **casa** ou **apartamento**! Mas eu entendo que a prioridade para todo mundo deveria ser a **educação** dos filhos! Quando uma família se esforça para que os filhos tenham uma educação melhor do que pais tiveram, ela está garantindo que os filhos tenham uma condição de vida melhor do que os pais; isto significa que os filhos no futuro, se quiserem, terão mais condições de ajudar os pais em alguma eventual necessidade.

Sou o mais velho de uma família com 7 filhos. Meus pais nunca tiveram carro nem conseguiram comprar ou construir uma casa, embora até tenham tentado. Minha mãe concluiu o curso primário e meu pai estudou até o 3º ano primário; mas sempre fizeram questão que todos nós estudássemos. A consequência é que dos 7 irmãos, 6 entraram em uma faculdade. Quando eu tinha 26 anos, eu e meus irmãos enfim compramos a casa que eles queriam.

A boa notícia em relação à educação dos filhos é que isto **nem sempre** é uma questão de dinheiro. No meu entendimento os pais deveriam dar aos filhos **o melhor ensino fundamental** que for possível. E tão importante quanto a melhor escola é o acompanhamento do desenvolvimento da criança para se decidir os complementos que ela precisa para ter a melhor formação possível. Terminado o ensino fundamental vem a primeira grande decisão: ou o jovem vai brigar por uma boa universidade pública, ou então é melhor que ele tenha uma formação técnica antes da faculdade. Como **técnico** ele terá muito mais chances de conseguir um emprego do que como um graduado de uma faculdade particular. Infelizmente é grande a massa de contadores, advogados, e etc., que se formam todos os anos e tem imensa dificuldade em entrar no mercado de trabalho.

Além da educação formal há algumas habilidades que ajudam a melhorar o currículo do futuro profissional: inglês e outro idioma, se possível, bons conhecimentos de informática, relações humanas e a arte de falar em público. As duas últimas são as habilidades que sustentam muitos executivos em cargos importantes, muito mais do que o conhecimento técnico deles. E isto pode ser conseguido em qualquer curso de teatro no colégio ou na igreja.

Para finalizar lembro que é muito fácil conseguir cursos de idioma na internet; uma das entidades mais conhecidas no mundo, apenas como exemplo, é a Duolingo (https://pt.duolingo.com/).

O AUTOMÓVEL

O sonho da maioria das pessoas que estão começando a vida profissional é comprar um carro; na verdade este é o sonho de praticamente todo mundo que ainda não comprou um. E o sonho de quem já comprou um é trocá-lo por outro melhor. Do ponto de vista financeiro, não há problema **algum** em se comprar um carro. Desde que você tenha **dinheiro** para pagar por ele! O problema é quando você **não** tem!

Por incrível que pareça, nem todo mundo que quer comprar o primeiro carro, sabe quanto efetivamente um carro custa. Nem todo mundo sabe ou se lembra que um carro custa seguro, licenciamento anual, multas, manutenção, estacionamento e reparos; e infelizmente, as multas e as batidas são riscos maiores para motoristas iniciantes. Em termos de manutenção, quanto

mais velho for o carro, **maior** o seu custo. Não é à toa que se diz que um carro custa tanto quanto uma família.

Um parêntesis aqui. Quem é que já viu a cena de um domingo à tarde, um carro parado na beira de uma estrada, capô aberto, a família toda dentro e um cara tentando fazer o carro funcionar? Ou a mesma cena, capô fechado e o cara com uma garrafa de Coca-Cola vazia, pedindo carona para ir buscar combustível no posto? Ou ainda alguém que teve o roubado e não tinha seguro; e ficou só com o **carnê** do financiamento? **Sabem** o que é isto? É dar um **passo** maior que a perna! É comprar um carro **sem ter** dinheiro para isto! Então, quem **nunca** teve um carro, deveria conversar com quem tem para saber como é, antes de pensar em comprar um!

Quanto ao carro em si a situação ideal é comprá-lo à vista, como temos enfatizado ao longo desta cartilha. Infelizmente o mercado oferece tantas alternativas de financiamento que as pessoas simplesmente desconsideram a necessidade de poupar antes para comprar o tão sonhado carro.

O FINANCIAMENTO DO AUTOMÓVEL

Vamos então fazer um exercício simples. Vamos supor que você compre um carro usado, no valor de R$ 15.000,00, em 36 meses, sem entrada, a juros de 3% ao mês, se é que você vai conseguir esta taxa; você vai pagar 36 parcelas de R$ 687,06, ou seja, você vai desembolsar R$ 24.734,05. E quando você terminar de pagar, seu carro vai valer uns R$ 12.000,00 ou menos.

Agora vamos fazer diferente; vamos supor que você coloque este mesmo valor em caderneta de poupança durante 36 meses; com juros de 0,5% ao mês, ao término desses 36 meses você vai ter na poupança R$ 27.026,26. Ou seja, gastando o mesmo dinheiro daqui a três anos, você poderá ter um carro de R$ 27 mil, ou um de R$ 12 mil. E **não** estamos considerando os gastos com combustível, **manutenção**, e tantos outros, que você certamente teria comprando um carro mais velho. Qual é então o melhor caminho para comprar um carro? Você decide!

Antes de encerrar esta seção eu gostaria de fazer mais um comentário. Como citei acima, o ser humano tem necessidade da liberdade de locomoção; mas não tem necessidade daquele reluzente automóvel, último lançamento dos charmosos anúncios publicitários. E vou contar minha experiência. Em 1998 eu comprei um carro básico 1.0 Zero km e estava muito satisfeito com ele. Dois anos depois a empresa em que eu trabalhava me deu um carro executivo 2.0; aquele carro básico virou uma porcaria! Cinco anos depois eu estava sem trabalho e sem carro, andando de ônibus. Então recebi um telefonema de minha irmã dizendo que meu cunhado tinha comprado um carro novo e que eu poderia usar o carro velho dele. Aquele Fiat Prêmio 1989 era uma **maravilha**!

Outro exemplo na família. Uma de minhas filhas já comprou 4 carros; nunca vendeu nenhum. O primeiro teve perda total em um acidente, e os 2 seguintes foram roubados. Alguém acha que dá para **comprar carro sem fazer seguro?**

OS OUTROS PROJETOS

Ao longo da vida as pessoas têm sonhos e, para serem realizados, a maioria depende de dinheiro. Quando você já tem o hábito de poupar continuamente, e usa o sistema de autofinanciamento como descrito no **Capítulo 3**, você já sabe o que pode e o que não pode fazer. Fica muito mais fácil realizar qualquer projeto ou plano que você venha a sonhar na vida.

10. PROGRAMA MINHA CASA MINHA VIDA

A casa de um homem é seu castelo.
Edward Coke

Financiamento para comprar um imóvel é o único financiamento **aceitável** na vida financeira das pessoas! E **por que** é aceitável? Porque a casa onde moramos é muito mais do um investimento; é nossa raiz, nossa história e nosso futuro. E também porque existe subsídio para este tipo de financiamento; quanto menor a renda familiar, maior é o subsídio!

O Programa Minha Casa Minha Vida - PMCMV foi criado no fim do Governo Lula com o objetivo de **melhorar** o acesso à moradia para a camada menos favorecida da população brasileira. Quem tem interesse no programa, deve consultar a **Caixa Econômica Federal**; as informações abaixo se referem a legislação vigente em junho de 2019, de acordo com o site da **CEF**.

AS FAIXAS DE RENDA

Inicialmente o governo definiu que iria atender as famílias com renda mensal de até R$ 5.000,00 divididos em três faixas. Na última revisão do programa o governo acrescentou mais uma faixa, chamada **1,5**, e o benefício atinge famílias com renda de até R$ 7.000,00 por mês. Em resumo as faixas atuais são:

Faixa 1 – Renda familiar mensal de até R$ 1.800,00

Faixa 1,5 – Renda familiar mensal de até R$ 2.600,00

Faixa 2 – Renda familiar mensal de até R$ 4.000,00

Faixa 3 – Renda familiar mensal de até R$ 7.000,00

OS BENEFÍCIOS

O maior benefício possível ocorre na **faixa 1** onde estão enquadradas **famílias com renda** de até R$ 1.800,00 por mês. Essas famílias podem adquirir imóveis de até R$ 96.000,00, dependendo da cidade onde moram. Quem conseguir esse financiamento vai pagar uma prestação mensal que varia entre R$ 80,00 e R$ 270,00 dependendo do valor da renda, dentro desta faixa. O financiamento é fixo em 120 meses. Esses contratos não podem ser transferidos, nem quitados antecipadamente. Mas o imóvel pode ser devolvido; o que é pouco provável que alguém faça. Quem consegue este financiamento obtém um desconto de aproximadamente **90%** do valor do imóvel. As inscrições para este programa normalmente são feitas nas prefeituras de cada localidade, ou em entidades indicadas pela prefeitura.

A faixa **1,5** atende famílias com renda de até R$ 2.600,00 por mês e financia imóveis de até **R$ 144.000,00**, também dependendo da cidade onde mora. Mas o benefício é bem menor. O financiado recebe um subsídio de **até** R$ 47.500,00, e vai pagar prestações a ser calculada considerando juros de 5% ao ano, mais TR. O prazo certamente será maior do que 20 anos.

Nas faixas **2 e 3** os limites de financiamento máximo (teto) variam entre R$ 130.000,00 e R$ 240.000,00 também dependendo da cidade em que a família vai adquirir o imóvel. Na **faixa 2** o financiamento goza de um subsídio de **até** R$ 29.000,00. Não há subsídio para a **faixa 3** de renda. A taxa de juros varia entre 5,5 e 8,16% ao ano, mais TR. Quanto maior a renda, maior a taxa de juros.

Famílias com renda acima de R$ 7.000,00 são elegíveis aos programas normais de financiamento habitacional, cuja taxa de juros é um pouco maior. Mas ainda assim vale a pena.

MINHA SUGESTÃO

O que **eu** faria: se estivesse interessado em financiar a compra de um imóvel eu faria o seguinte: (1º) – Conhecer mais detalhadamente as regras do financiamento. (2º) – Se estivesse na faixa 1 do PMCMV eu teria pressa em começar; caso contrário iria sem muita pressa (3º). Tentaria **construir** uma casa, ao invés de comprar um **apartamento**.

Para justificar minha recomendação acima de construir uma casa, vou dividir com o leitor o que minha avó, migrante baiana, sempre falou de São Paulo, com muita gratidão. Ela me lembrava sempre que um trabalhador pobre chegava em São Paulo, começava a trabalhar e comprava um terreno a prazo. Assim que pudesse ele levantava 4 paredes e cobria; em seguida entrava no imóvel com a família, deixava de pagar aluguel e tinha o resto da vida para terminar a casa. Você sabe o que é a feijoada da laje? Provavelmente uma das mais inesquecíveis refeições de quem constrói uma casa.

VAMOS PENSAR *FORA DO QUADRADO*

Para encerrar o capítulo quero lembrar que a Grande São Paulo concentra uma população de 22 milhões de habitantes, com todos os problemas que todo mundo conhece; mas existe um que nos afeta todos os dias que é o transporte urbano. Nesse sentido gostaria de **lembrar que existe vida interessante fora da Grande São Paulo**, como no interior do Estado de São Paulo, nos estados do Sul e em outras regiões do Brasil como por exemplo o Nortão de Mato Grosso, dentre outras. Cidades como Sinop, Lucas do Rio Verde, Sorriso e Alta Floresta no Nortão de Mato Grosso não existiam há 50 anos e crescem vigorosamente graças ao agronegócio. Quem puder trabalhar e construir uma casa ali terá vida com outra qualidade, para si e para a família. Pense um pouco sobre isto, e pesquise o tema um pouco mais. Porque em São Paulo não está bom, e a tendência é piorar...

11. COMO RENEGOCIAR DÍVIDAS

Nada é particularmente difícil se for dividido em pequenas partes.
Henry Ford

Um momento muito difícil na vida das pessoas é quando elas têm dívidas, são cobradas e precisam negociar; a maioria se sente fragilizada e às vezes humilhada pela situação. Em decorrência não conseguem renegociar em termos e condições justas entre as partes. Claro que é importante e honesto manter seu nome limpo; mas você precisa ser honesto com você mesmo e somente se comprometer com o que você pode cumprir. Ninguém é desonesto porque não consegue pagar uma dívida e francamente informa isto.

Para pensar em renegociar é preciso primeiro entender de que tipo de renegociação estamos falando: a) atrasamos **uma** prestação de?; ou b) perdemos o controle do **cheque** especial ou **cartão** de crédito?; c) **ou** perdemos controle de nossa vida financeira?

Quando o atraso é de um valor suportável em nosso orçamento e a gente consegue quitar esse valor com atraso, mesmo que com algum parcelamento e seguir a vida normalmente, isto é o mais simples a fazer. De qualquer forma é preciso entender **por que** isto aconteceu e **o que** vamos fazer para que isto **não** aconteça mais.

Se você estiver endividado no **cheque especial** em um banco, não caia na tentação de ir cobrindo o valor além do limite e ficar postergando o problema. Simplesmente pare de fazer isto. Procure o gerente do banco e peça um parcelamento do saldo. Se você puder arcar com os custos, aceite o parcelamento e encerre o contrato. Se você não puder pagar, avise o gerente que você vai voltar para negociar quando puder; e volte. É bom lembrar que os juros do parcelamento precisam ser bem menores do que os juros do cheque especial.

Agora se o endividamento representa um **descontrole financeiro** aí então a situação é diferente. Para sair desta situação você precisa de um plano: precisa **planejar** a solução dos débitos. Em **primeiro** lugar é preciso ter uma lista dos débitos. Depois é preciso ordenar esses débitos por **prioridade**, porque existem contas que se você não pagar os efeitos serão imediatos, como água e luz por exemplo. Depois de resolver as prioridades é preciso listar o resto do endividamento e montar um fluxo de pagamento que caiba no seu orçamento.

A melhor forma de **quitar uma dívida é à vista**. Para isto você vai precisar ir poupando um valor mensalmente e procurar o credor quando tiver uma parcela interessante, para propor a renegociação com desconto. No último feirão de Renegociação de Dívidas promovido pelo SERASA os descontos poderiam chegar a 90% do valor da dívida. Isto não significa que você vai conseguir este desconto em toda e qualquer negociação; significa sim que há um largo campo de possibilidades que vai depender de sua habilidade e argumentação na negociação com seu credor. Você deverá pagar primeiro as dívidas mais caras e depois as demais. Defina o valor mensal que você consegue poupar e vá encaixando as dívidas.

Observações importantes: (**Primeira**) não faça dívidas para pagar dívida. Isto normalmente só posterga o problema e deixa a solução mais cara! (**Segunda**) reveja seu orçamento doméstico e faça os cortes que for possível; a vida vai ficar um pouco mais difícil, mas não existem milagres. (**Terceira**) fale com seus credores e informe quando poderá pagar, mas não renegocie o que você não tem condição de pagar. Na impossibilidade de poder pagar, informe o tamanho de seu endividamento e peça um tempo para reverter a situação.

E para encerrar o capítulo de endividamento:

a) Se você estiver endividado e tiver um carro, avalie as implicações de vendê-lo para quitar as dívidas;

b) Se você tiver um imóvel **resista** até as últimas consequências antes de decidir vendê-lo, porque você vai perder mais dinheiro se fizer isto;

c) Você vai perder o crédito, o que é bom, pois assim não fará outras dívidas;

d) O **gerente do banco não é seu amigo**. Ele é um empregado que tem metas a cumprir. E nem sempre estas metas são de seu interesse; e

e) Não perca a lição, para que outro endividamento nunca mais volte a ocorrer!

12. SEGREDOS DO SUCESSO

Sejam famintos, sejam tolos.
Steve Jobs encerrando discurso para turma de formatura,
Stanford University, 2005

Sempre que faço apresentação para jovens e adolescentes gosto de falar sobre minha receita para o sucesso, que compartilho aqui:

1. Gostar do que faz
2. Relações Humanas
3. Metas anuais
4. Reconciliação com os pais
5. Falar em público
6. Informática
7. Inglês e outro idioma

Não faça um trabalho ou escolha uma profissão porque acha que é rentável. Se você não **gosta do que faz**, você não vai pagar o preço do aprendizado e desenvolvimento que sua atividade precisa para você ter sucesso. O dia-a-dia de quem faz o que gosta é muito mais leve e produtivo do que quem faz o que não gosta.

Relações Humanas, ou seja, a arte de se relacionar com as pessoas é a habilidade mais valorizada nas empresas. Muitos gerentes, diretores e presidentes de empresa chegaram a estes cargos principalmente pela habilidade de se relacionar com as pessoas. E é pouco provável que alguém tenha sucesso na área de vendas sem esta habilidade.

Acho muito importante a gente escrever as **metas** que quer atingir no ano seguinte numa folha papel, na virada do ano; e olhar a lista de vez em quando. Segundo especialistas nosso subconsciente nos direciona a fazer o que precisamos, para realizar nossas metas. Eu faço isto desde 1989; foi assim que consegui meu primeiro carro zero km e minha primeira viagem internacional a negócios na empresa, dentre outras.

Quem vive magoado com o pai ou mãe, vive magoado com as próprias origens. A **reconciliação com os pais**, vivos ou mortos, é de extrema importância para a paz de espírito, condição básica para o crescimento profissional. Na maioria das vezes o problema é entre os **homens** e o **pai** e, as **mulheres** e a **mãe**.

As pessoas que desenvolvem a habilidade de **falar em público** se destacam em qualquer atividade que exerçam na vida. Embora muita gente tenha alguma dificuldade para isto, a boa notícia é que isto pode ser aprendido e desenvolvido. É possível encontrar cursos de oratório e assemelhados, como de teatro, em igrejas, centros comunitários, sindicatos, e etc.

A **informática** hoje conta com tantos recursos que é muito difícil achar uma atividade que não possa ser melhorada com a ajuda dela; então quem não conhece começa em desvantagem em qualquer disputa. Para iniciantes o ideal são os aplicativos do pacote *Office*: *Word*, *Excel* e *Power Point*. Depois é seguir pesquisando.

Falar inglês é um diferencial importante para quem quer trabalhar numa empresa que tenha contato com o exterior ou usa tecnologia e/ou matérias primas e equipamentos importados; o mesmo vale para quem quer empreender no mesmo cenário. Então para se destacar o ideal é aprender também um segundo idioma, como o espanhol, e até um terceiro...

Assim, se você ainda tem alguma pretensão de crescimento profissional, deve olhar para esta lista acima e escolher o que deve melhorar. E, como dizem, depois dos 60 anos, como eu, a gente é como o fusca; não importa o ano, mas sim o estado de conservação...

13. CÂNCER NO PULMÃO OU UMA CHÁCARA?

> *Nunca tente ensinar um porco a cantar.*
> *Você perderá seu tempo e aborrecerá o porco.*
> Paul Dickson

A pergunta é exatamente esta: o que você quer ter quando se aposentar? Câncer no pulmão ou uma chacrinha para ajudá-lo a aproveitar a aposentadoria?

O hábito de fumar estava se reduzindo no Brasil e a tendência era a de que iria desaparecer. Mas nos últimos tempos houve uma reversão desta tendência, principalmente entre a população mais jovem. Então meu alerta contra o hábito de fumar vem no título deste capítulo.

O preço mínimo oficial de um maço de cigarros no Brasil em 2018 é R$ 5,00. A maioria dos fumantes tem a tendência de fumar pelo menos um maço de cigarros por dia; então vai gastar no mínimo R$ 5,00 por dia, ou R$ 150,00 por mês. Quem **não fumar** e **poupar** este dinheiro, terá o equivalente a R$ 190.383,82. Dá para comprar uma chacrinha?

Para esclarecer um pouco mais lembro que a chacrinha só virá depois de 30 anos não fumando e poupando. Mas **o câncer poderá vir antes**. Para um colega de trabalho veio quando ele e eu tínhamos 33 anos. Um jovem extremamente inteligente e com um futuro promissor na empresa e, certamente, na carreira profissional dele. Deixou mulher e filhos; um dos velórios mais tristes que fui na vida. O que você decide?

14. OTIMISMO E PÉ NO CHÃO

Para que um grande sonho se torne realidade, você precisa primeiro de um grande sonho.
Hans Seyle

Os conteúdos sobre finanças pessoais que mais fazem sucesso são aqueles que prometem ganhos financeiros incompatíveis com a realidade, bem como aqueles que ensinam a quitar dívidas em três meses, mesmo que sejam dívidas decorrentes de anos de descontrole financeiro. Como o leitor percebeu não faço isso aqui. Mas, infelizmente, existem pessoas que acreditam que haja atalhos no caminho da organização e planejamento de suas finanças; essas pessoas são as vítimas preferidas de charlatães e de eventos sobre como ganhar dinheiro sem fazer força, cobrados a peso de ouro. E somente pessoas malintencionadas são vítimas de conto do vigário; afinal, qual é a intenção de quem, por exemplo, compra um bilhete de loteria já premiado?

Embora esta cartilha tenha sido pensada para trabalhadores assalariados, que são pessoas que tem uma renda fixa definida e uma expectativa de carreira compatível com a atividade que exercem atualmente, acho importante esclarecer alguns pontos:

a) **Sua origem social ou econômica não define quem você é;**

b) Sua situação financeira atual não define o seu futuro; e

c) **O seu futuro é uma história que ainda não está escrita!**

Ao longo de minha vida li dezenas de livros de autoajuda e motivação. Através dos mesmos conheci inúmeras histórias reais e inspiradoras de superação e sucesso pessoal, profissional e financeiro. Também vi muitos filmes, vídeos, palestras, etc. sobre esses mesmos temas. E algumas coisas que aprendi foram:

a) Não é porque uma criança órfã e negra mora numa comunidade pobre, que precisa catar latinhas de alumínio no lixão para sobreviver, que não pode se transformar num empresário de sucesso; **Geraldo Rufino** provou que pode. Além de ser empresário na cidade de Osasco, ele também é palestrante e escritor, bem como teve formação universitária.

b) Não é porque alguém mora na periferia e frequenta escola pública, que não pode se transformar em um congressista de sucesso; **Tábata Amaral** provou que pode, se elegendo deputada federal em 2018, com 25 anos. E antes disso ela estudou em Harvard.

c) Não é porque alguém é um aposentado insatisfeito com o valor de seu benefício, que não pode retornar à vida profissional e montar uma empresa de sucesso; o **Coronel Sanders** provou isso montando a KFC depois de aposentado.

d) Não é porque você vende água na praia de Copacabana que não pode se transformar em um empresário e conferencista de sucesso, inclusive se apresentando em Harvard; **Rick Próspera** provou que pode. **David Portes** trilhou um caminho parecido, vendendo balas nas ruas do Rio de Janeiro e depois se transformando em um empresário e palestrante de sucesso.

Meu ponto é que o sucesso é possível para todo mundo que esteja disposto a pagar seu preço. Não se trata de mover céus e terras com a paciência de Jó; **trata-se apenas de pagar o preço justo das coisas**. Como o sucesso. E foi o que fez Cleusa Maria, doméstica e boia fria, que foi aprender a fazer bolos e doces para ajudar criar o a **So**fia e o **Die**go; e montou a **Sodiê**.

O objetivo deste capítulo é lembrar que todo mundo pode mudar a própria história, principalmente a financeira; sim, as coisas podem ser diferentes. Lembro apenas que o erro de muita gente é buscar motivação sem ter um projeto; quem faz isso vira um ingênuo motivado que não vai chegar a lugar algum. Mas para aqueles que tem motivação e um projeto, não importa qual, o céu é o limite. Claro que os exemplos mencionados são de pessoas que especialmente se empenharam e foram de um extremo a outro; mas todo mundo tem a liberdade de decidir o que quer e quanto está disposto a se esforçar para conseguir. Também ajuda ser humilde e buscar apoio e orientação onde e quando necessários.

Uma situação muito comum é alguém começar uma atividade em paralelo com o emprego que tem, para complemento de renda; no futuro esta atividade poderá complementar a aposentadoria, ou substituir o emprego, se este vier a faltar. Quem acha que não tem motivação para mudar, deve consultar a vida que leva. Se estiver satisfeito, está tudo bem; não há nada a mudar. Mas se não estiver, **essa é a motivação**. Só reclamar da vida, não adianta. Faça alguma coisa!!!

15. PLANEJANDO A APOSENTADORIA

*Aquele que age pode cometer um erro,
mas aquele que não age já o cometeu.*
Daniel Kon

Nem todo mundo que trabalha atualmente está inscrito na previdência social. Quem não é empregado de empresa privada, ou funcionário público precisa formalizar sua atividade como MEI – Microempreendedor Individual, ou como empresário, no formato adequado a sua atividade. Quem não se enquadrar como empresário precisa se enquadrar como contribuinte Individual. Estar enquadrado na previdência social é importante para garantir a aposentadoria na velhice, bem como para ter suporte em situações como doença e acidentes de trabalho ou como auxilio maternidade para as mulheres.

Depois de estar enquadrado é importante conhecer a modalidade que se enquadrou, para saber que tipo de aposentadoria - se por idade ou por tempo de serviço - terá direito bem como o valor estimado da aposentadoria que terá depois de aposentado. Se a situação que você terá depois não atende às suas expectativas, ou necessidades, a hora de tomar alguma providência para mudar isto é agora. Para tanto é importante a poupança, como enfatizamos antes, para que além da aposentadoria você possa contar com um pé de meia. Alguns profissionais com boa remuneração ao longo da vida investem, ou investiram, em previdência complementar, e hoje gozam de uma confortável aposentadoria; tenho vários amigos e parentes nesta situação.

Com o aumento da expectativa de vida das pessoas, bem como da idade para aposentadoria, os trabalhadores correm o risco de ter renda menor nos últimos anos de trabalho, comprometendo o valor do benefício da aposentadoria, bem como a formação de poupança nesse período. É mais um motivo para começar a pensar e planejar a aposentadoria mais cedo. Quanto mais demorar, mais difícil será.

Estou aposentado e posso falar um pouco mais sobre o tema. Uma pequena parte de meus amigos está aposentada e não trabalha mais. Mas a maior parte se aposentou e continua trabalhando; uns porque precisam e outros porque gostam do fazem ou querem ter uma ocupação. Mas tenho amigos que não se aposentaram por falta de planejamento e continuam trabalhando para recuperar o tempo perdido. Também por falta de planejamento alguns passaram por sérias dificuldades.

Idealmente as pessoas deveriam chegar na fase de aposentadoria com uma boa poupança, casa própria e pelo menos mais um imóvel para complementar a renda; sim, algo como uma casinha de aluguel. Claro que nem todo mundo leva jeito para investimento, mesmo em casa de aluguel; para estes o caminho mais confortável são as aplicações financeiras, incluindo avaliar a viabilidade e conveniência de uma aposentadoria complementar.

As pessoas são diferentes; tem gente que quer se aposentar para descansar, outros para viajar e outros ainda para trabalhar em algum *hobby* que cultivaram durante a vida. O importante é que você não tenha que continuar trabalhando porque precisa, mas simplesmente porque quer. Não deixe para pensar nisto quando não houver mais tempo...

16. ENCERRAMENTO

Dinheiro não compra a felicidade, mas certamente vai lhe dar melhores lembranças.

Ronald Reagan

Na virada do ano de 1967 para 1968 eu deixei a casa de meus pais para cuidar de minha vida. Coloquei nesta cartilha tudo que me ensinaram e **tudo que aprendi nestes 50 anos**, nas escolas onde estudei, nos livros que li, nas empresas em que trabalhei; mas sobretudo o que a vida e as pessoas que me foram importantes na vida me ensinaram.

Confesso que muitos conselhos e conhecimentos que aqui apresentei me fizeram falta nos altos e baixos da minha história. Mas, curiosamente, me fizeram mais falta quando estava eu estava bem, do que quando eu estava pagando por meus erros. Mas a vida é assim; às vezes nos falta conhecimento, e **às vezes nos falta humildade** para aplicar o que sabemos ou que nos aconselharam.

Espero que este trabalho possa contribuir para melhoria de sua educação financeira de tal forma que você não precise do capítulo de renegociação de dívidas; por que eu precisei. **A menos que você queira ter sua própria experiência** no tema!

O conteúdo desta cartilha foi planejado para ser o mais amplo possível, abordando os principais assuntos da vida financeira das pessoas, na profundidade suficiente para entendimento do mesmo. Mas, se o leitor quiser conhecer algum tema mais profundamente, pode consultar meu Blog onde todos estes assuntos estão mais detalhadamente abordados. E se abordagem do Blog não for suficiente, ou ainda se houver algum assunto relativo ao tema que não tenha sido abordado, é só me enviar um e-mail que com muito prazer respondo com um post em meu Blog.

CONTATOS COM O AUTOR

valtercelio@nossasfinancas.com.br

valtercelio@gmail.com

@nossasfinancas

linkedin.com/in/valtercelio

www.facebook.com/nossasfinancas/

Blog: www.nossasfinancas.com.br

DO MESMO AUTOR

COMO FAZER SEU NEGÓCIO DAR LUCRO!

Livro sobre finanças para pequenas empresas, passo a passo, com o objetivo de proporcionar ao pequeno empresário uma visão geral dos aspectos financeiros que ele precisa cuidar para que seu negócio dê lucro, ou melhore a lucratividade.

спасибо
GRACIAS 谢谢
THANK YOU
ありがとうございました MERCI
DANKE धन्यवाद
شكراً OBRIGADO

www.ingramcontent.com/pod-product-compliance
Lightning Source LLC
Chambersburg PA
CBHW030015190526
45157CB00016B/2820